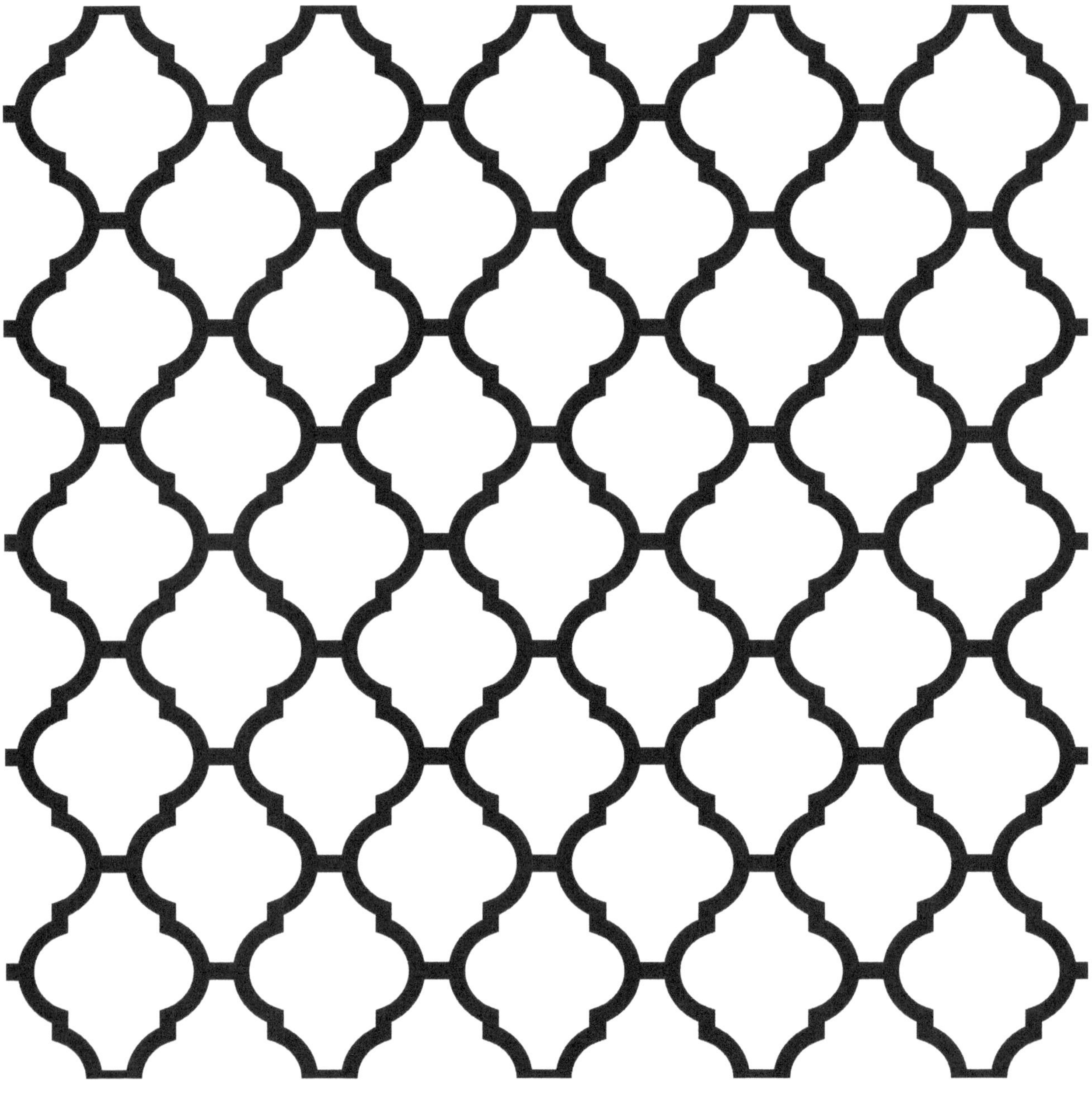

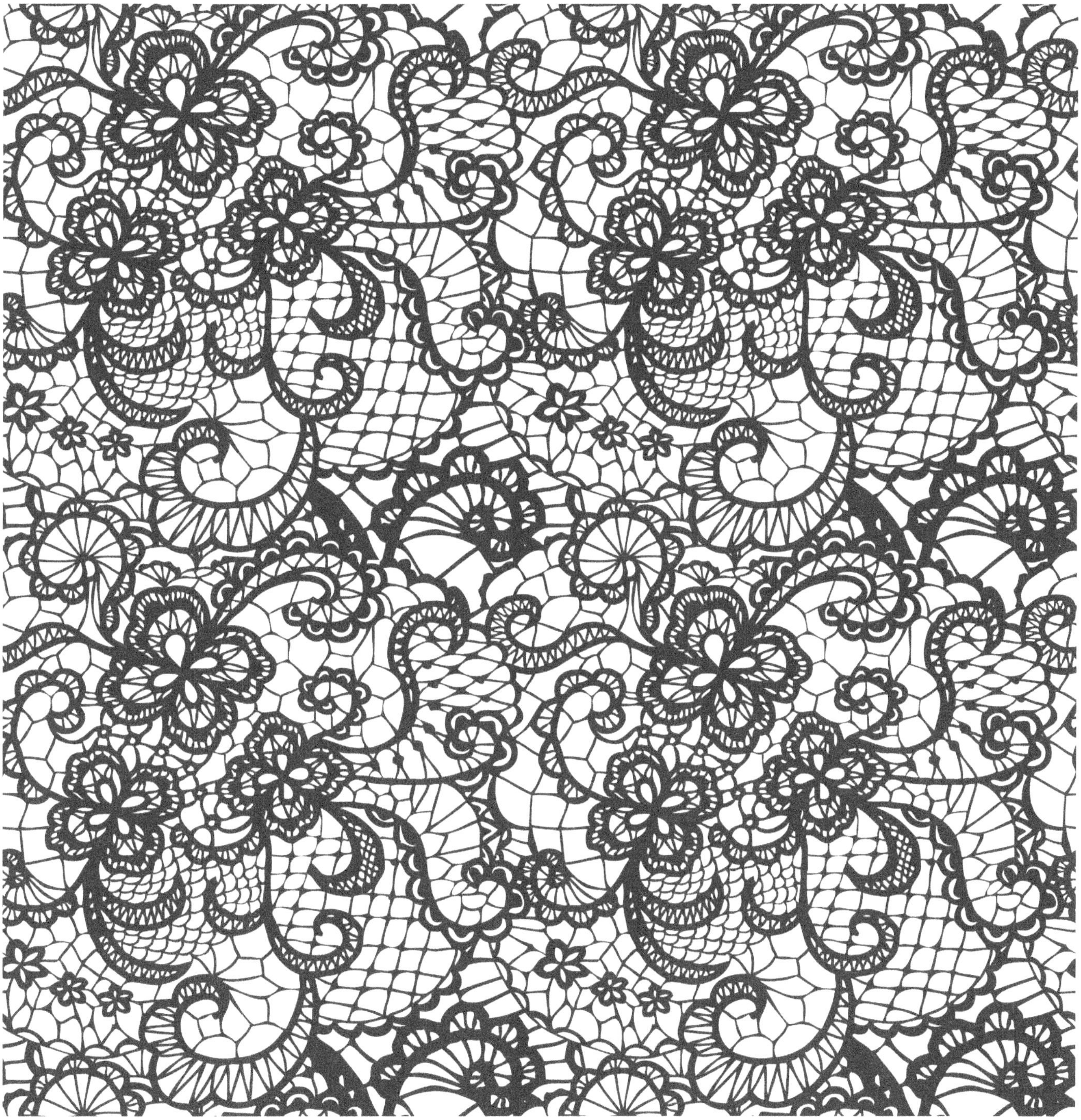

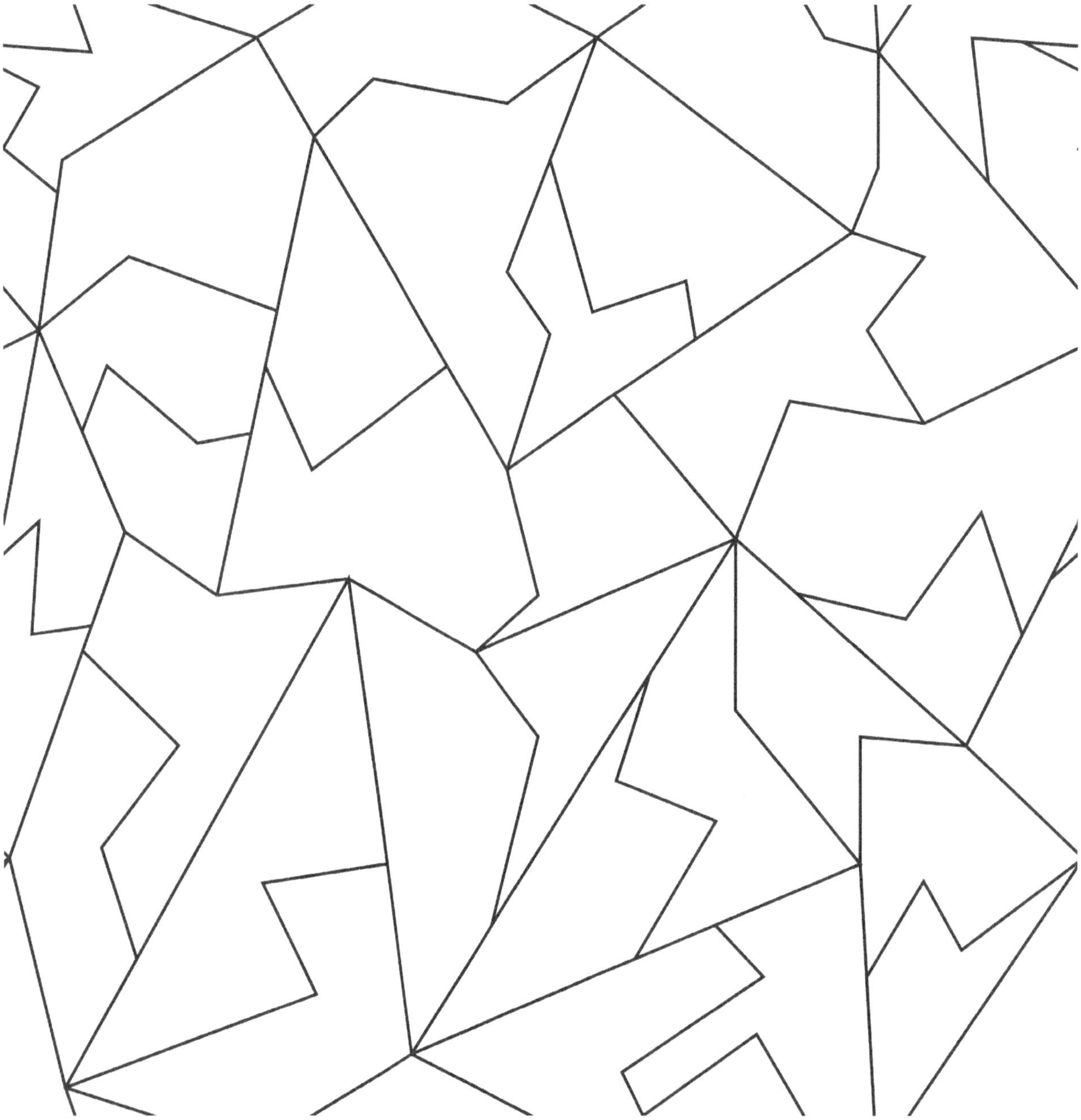

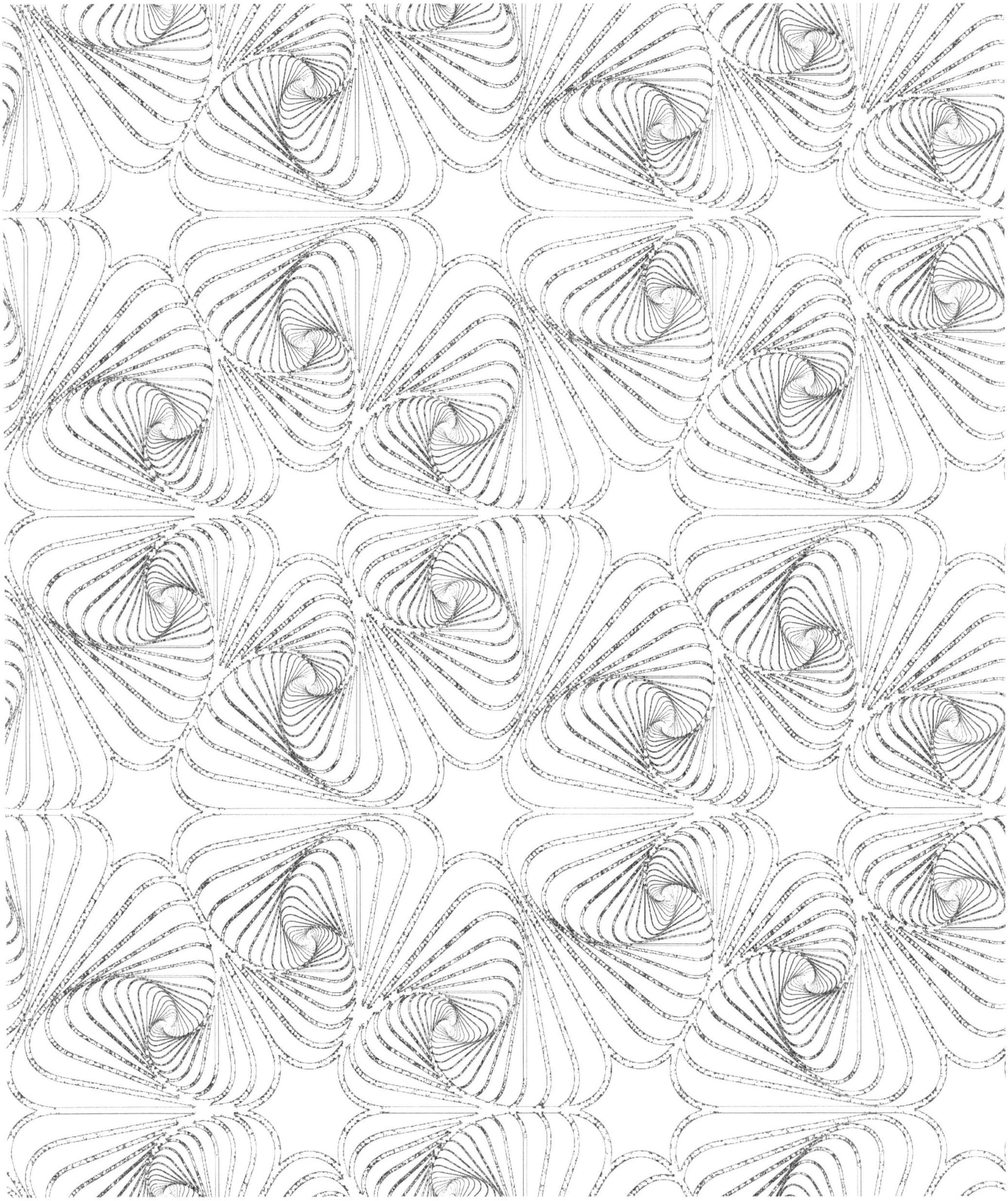

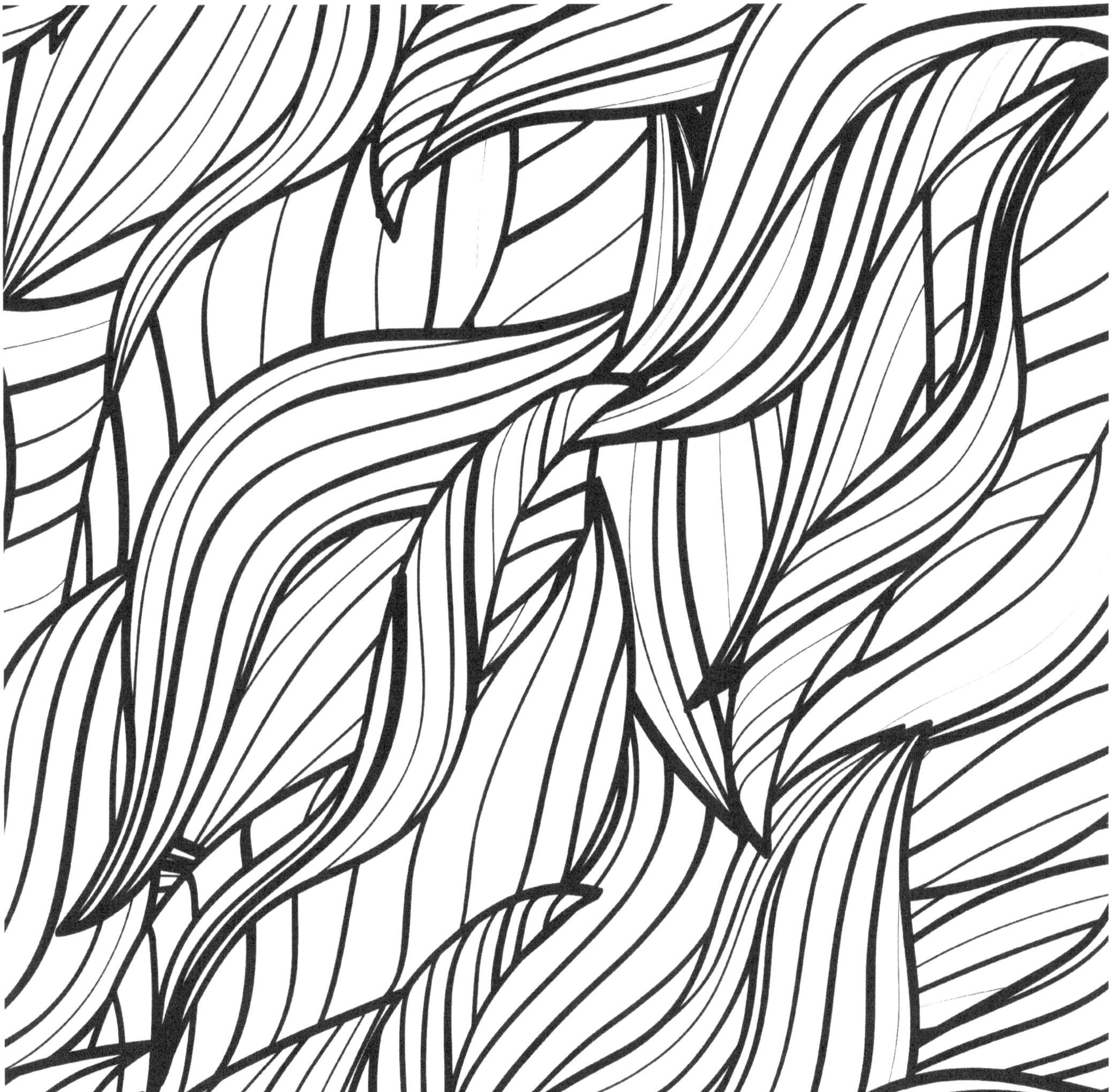

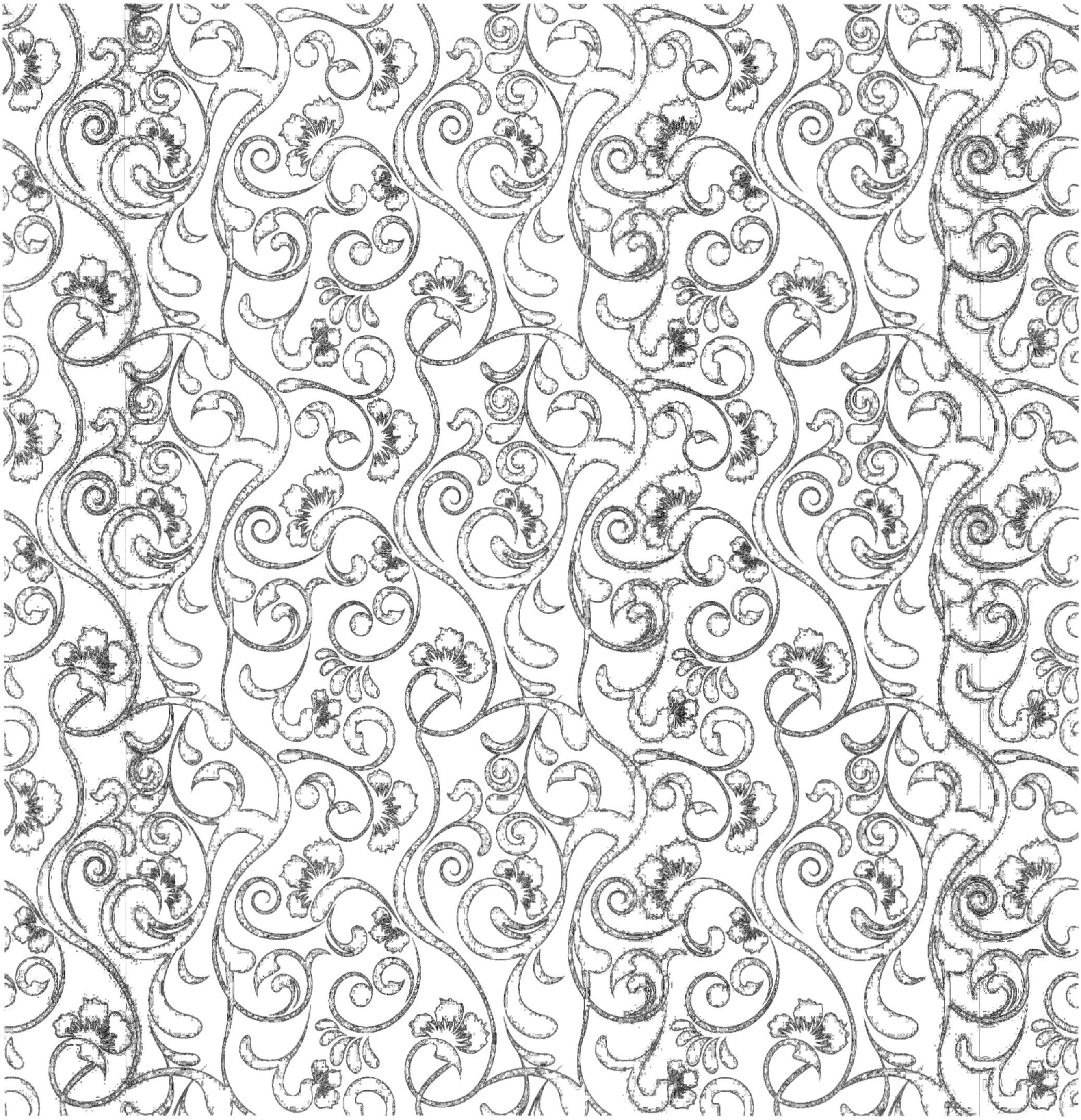

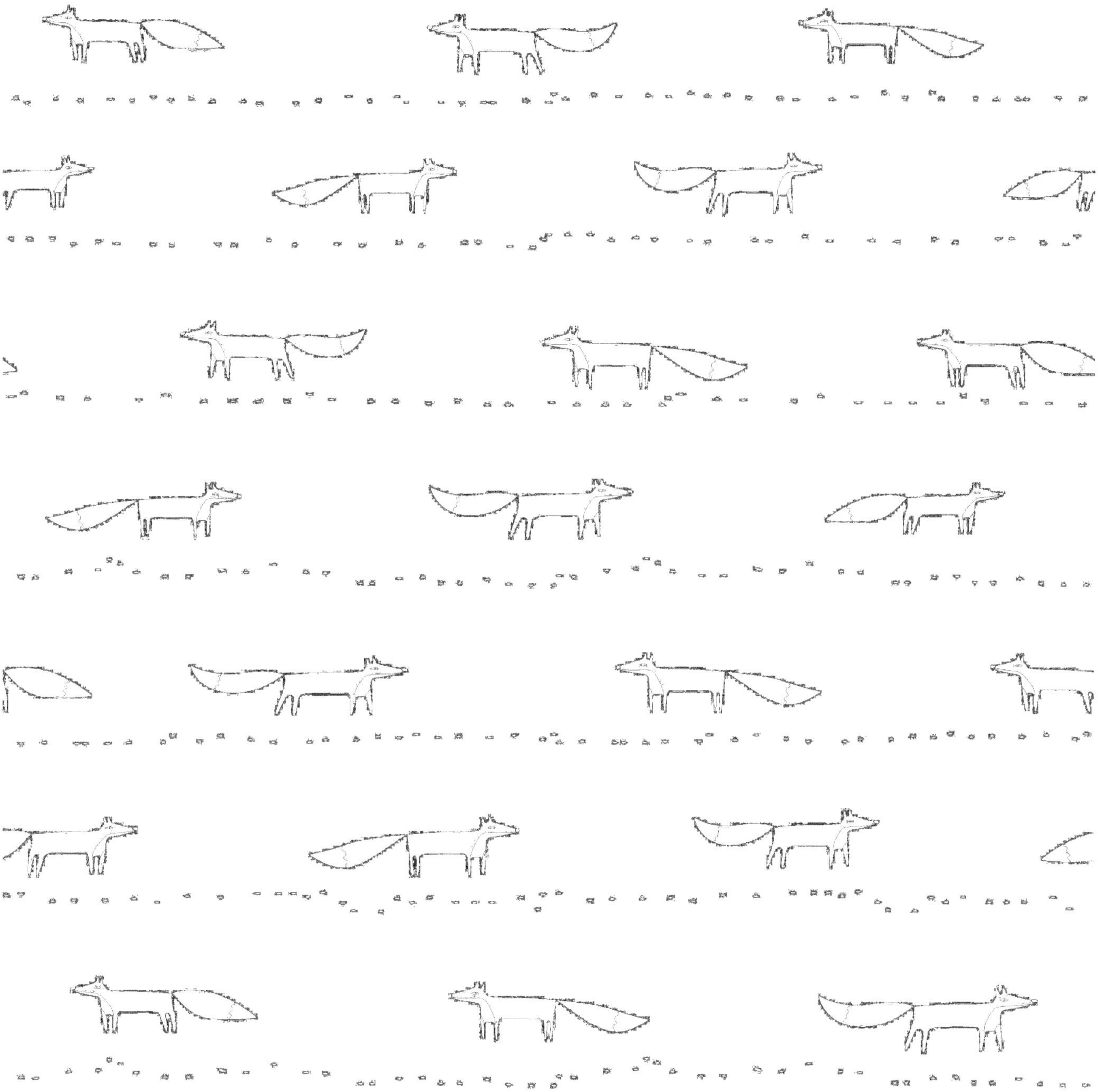

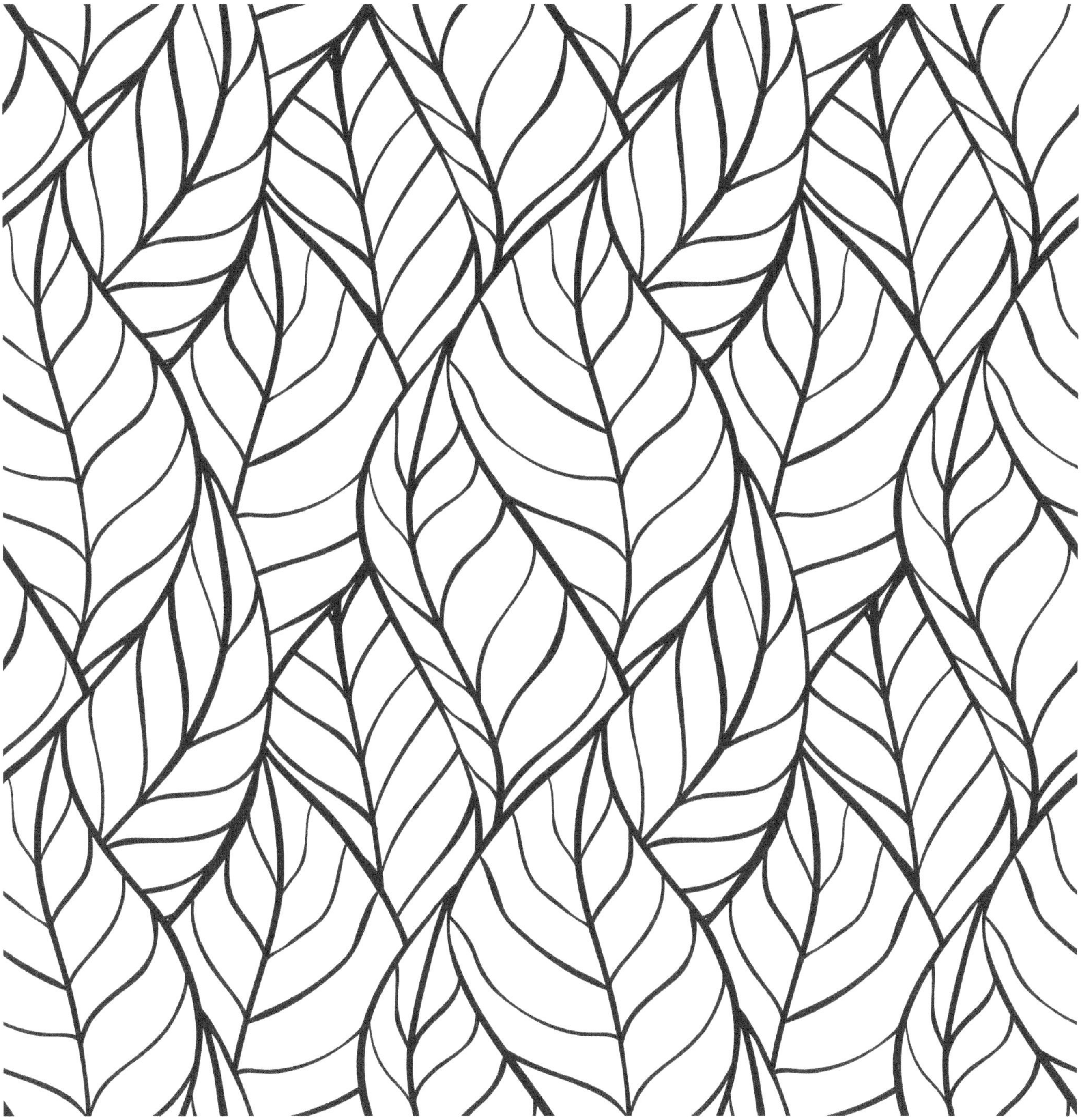

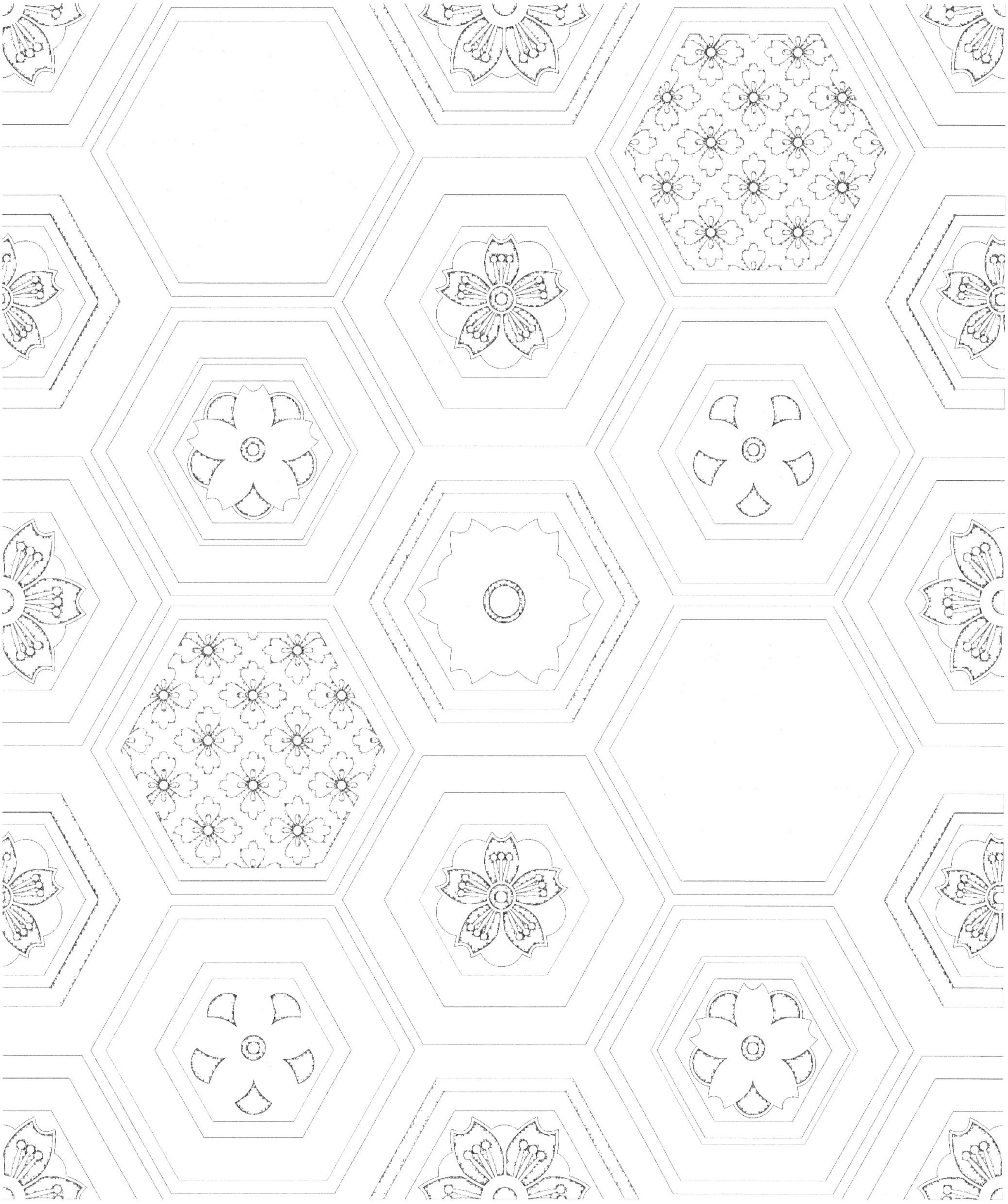

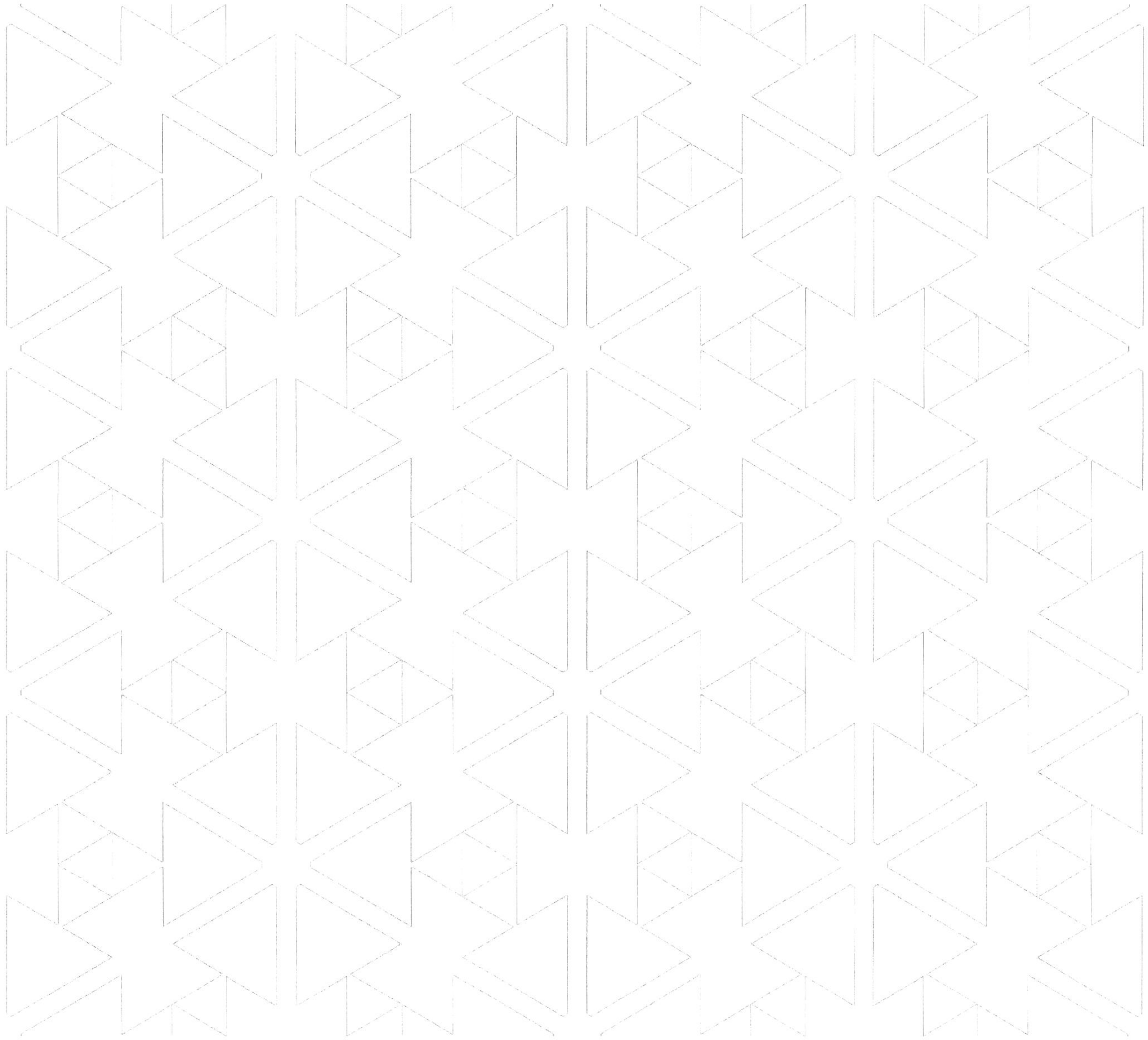

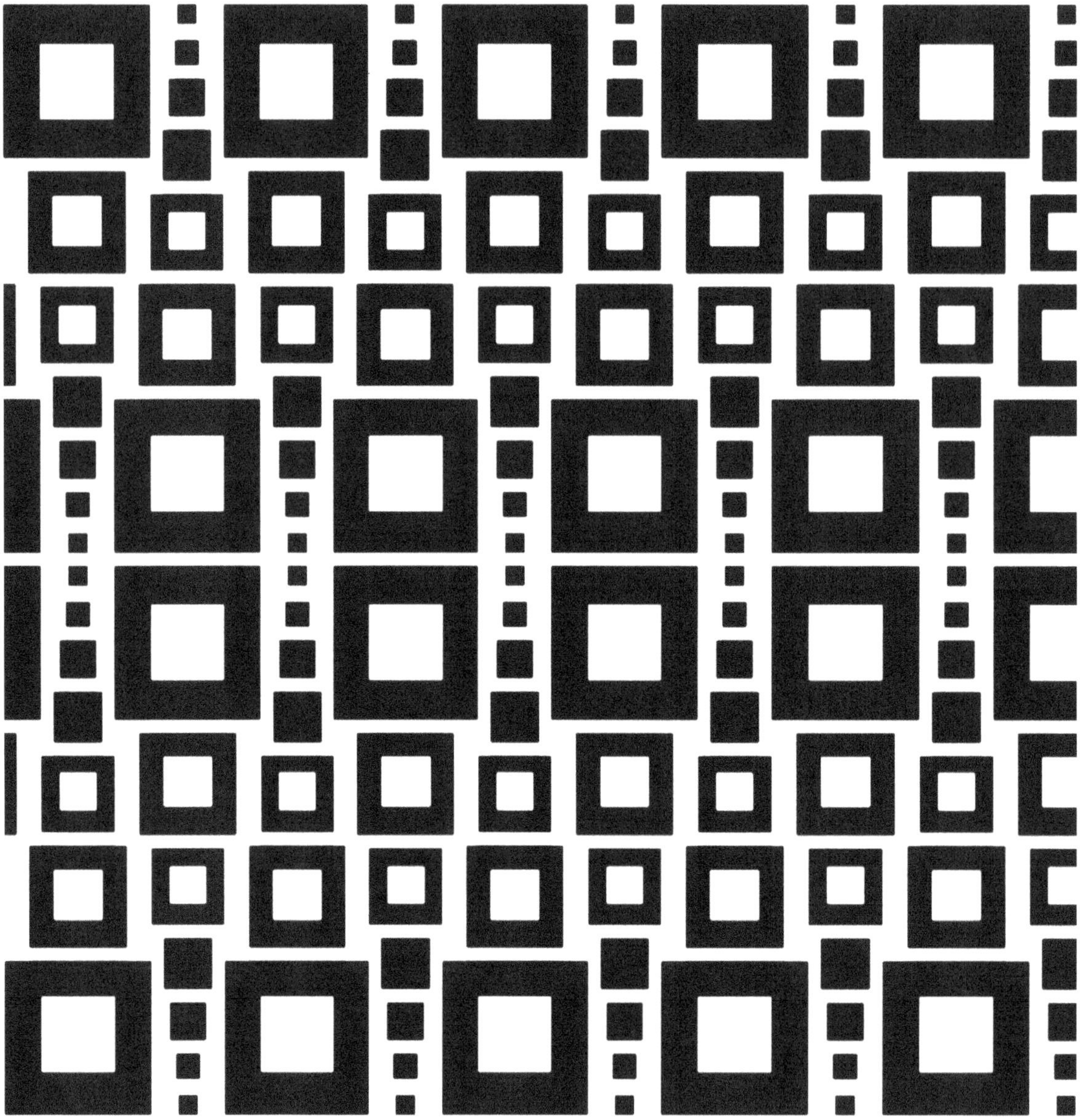

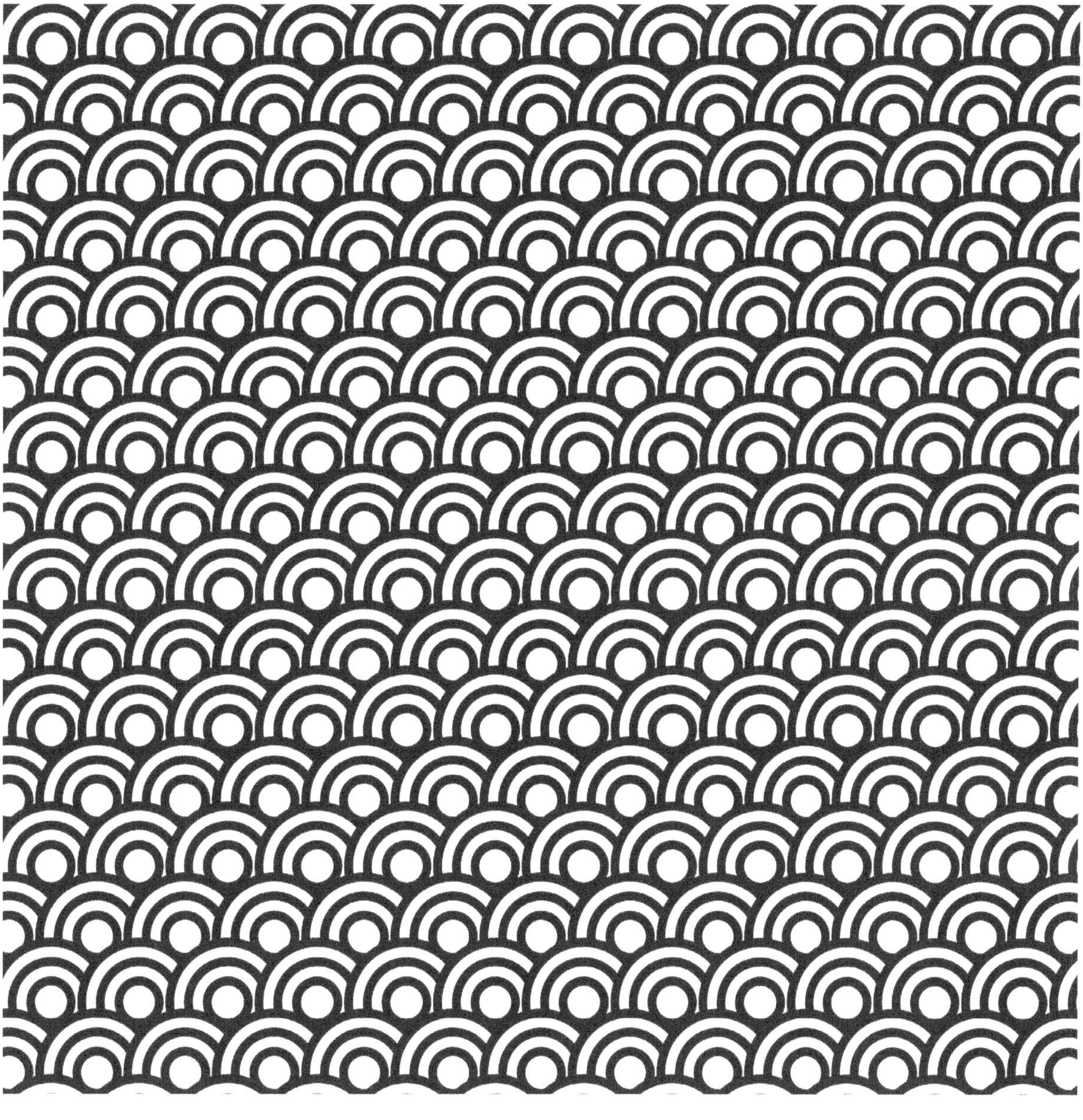

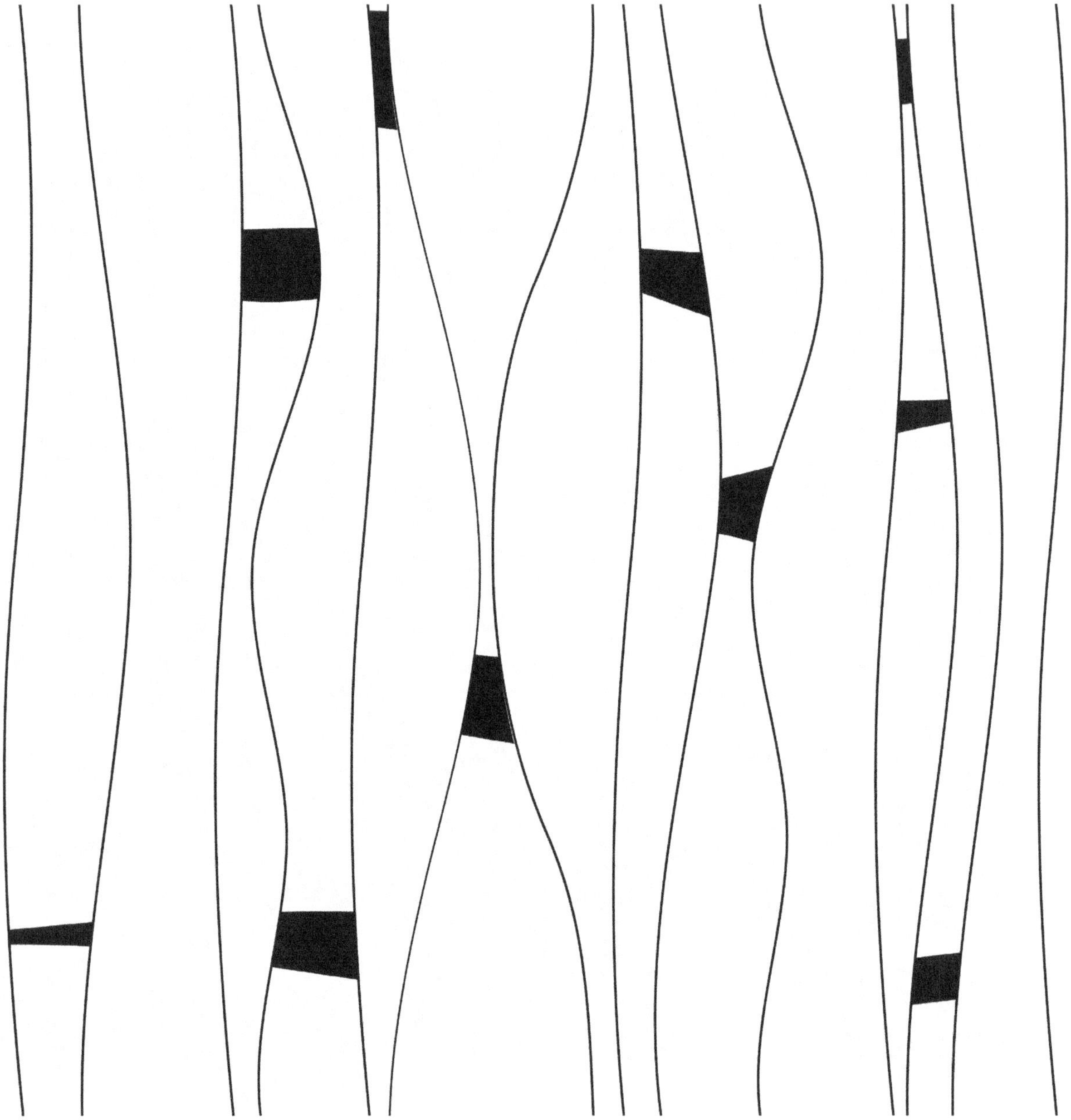

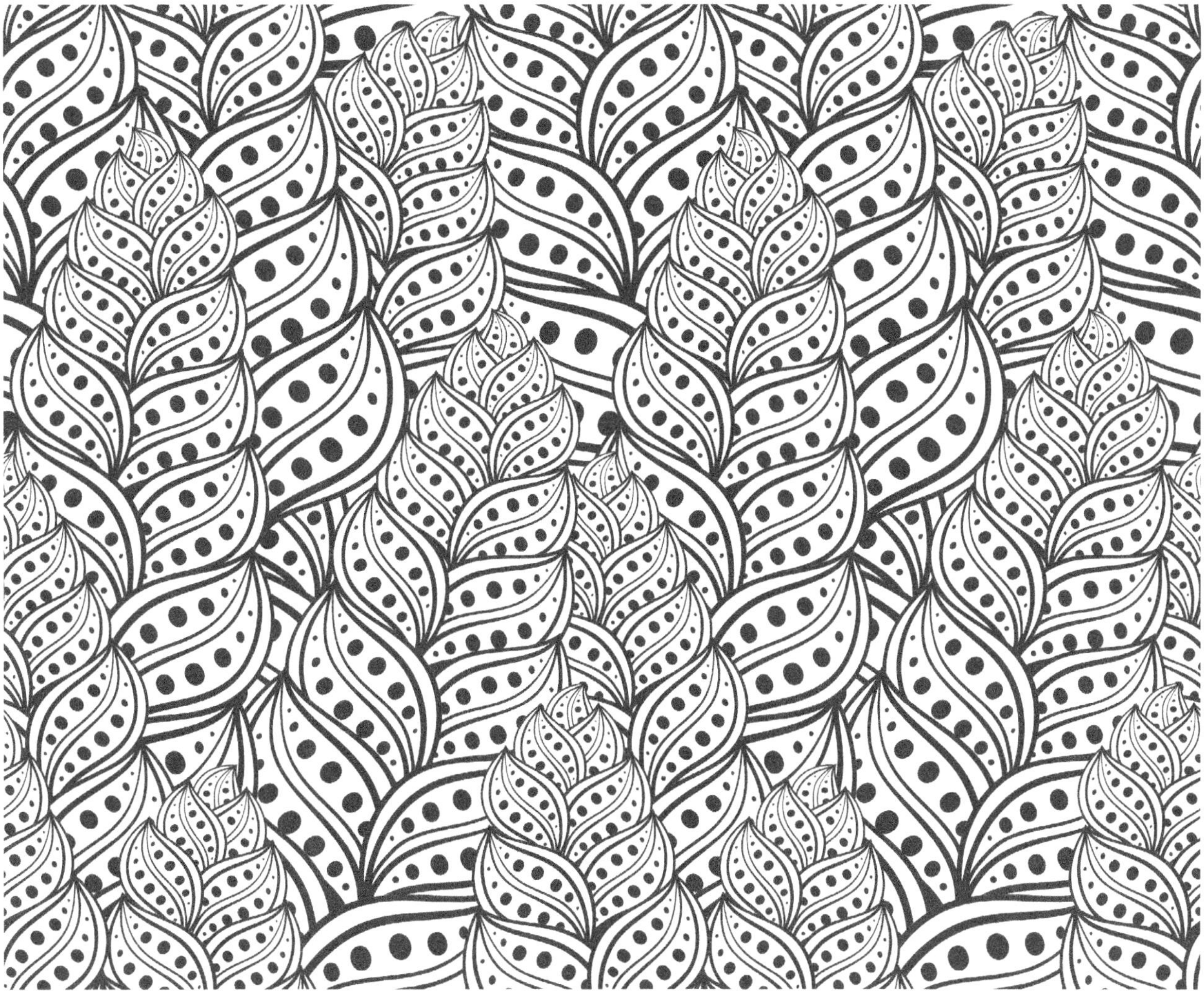

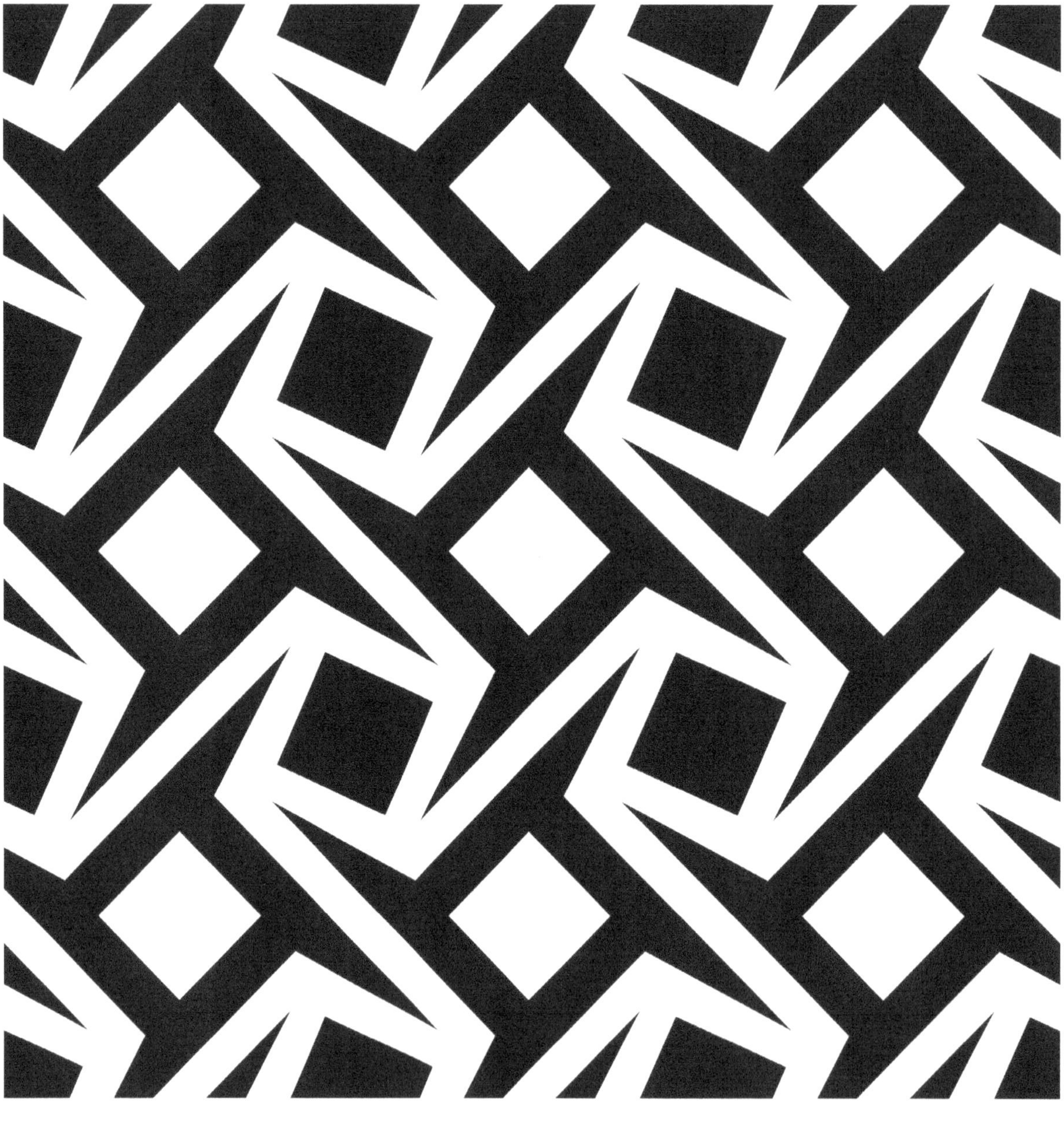

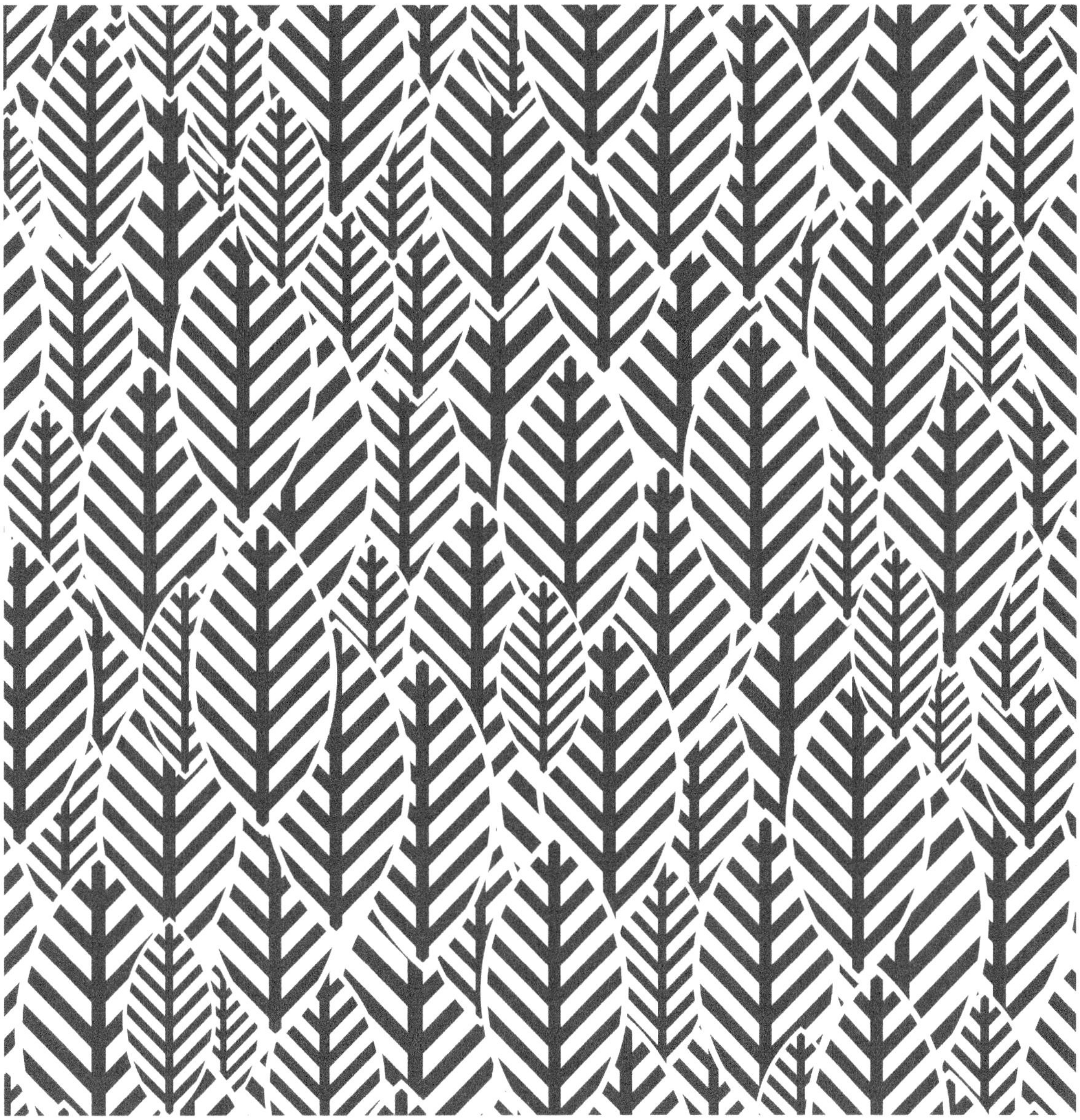

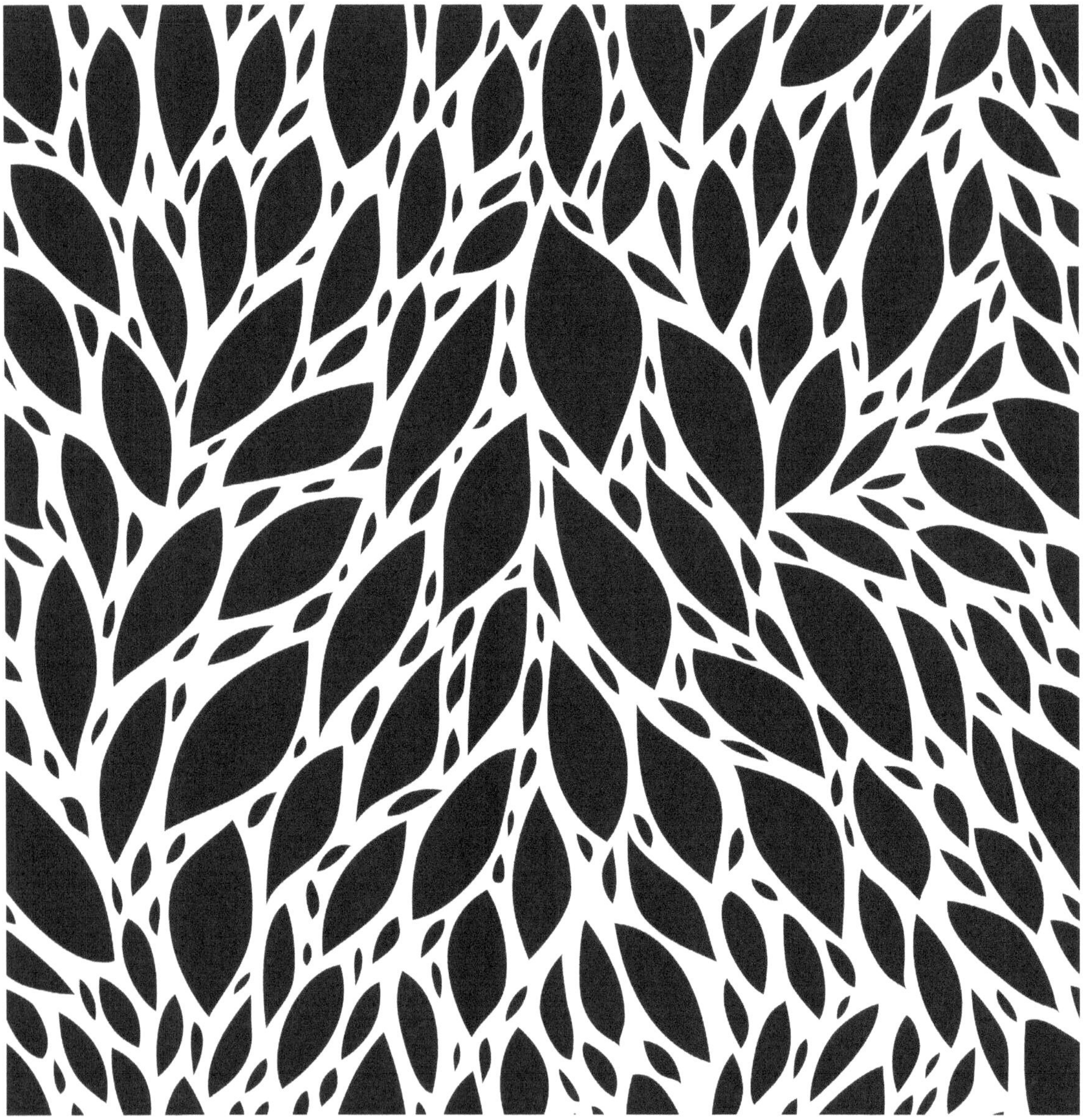

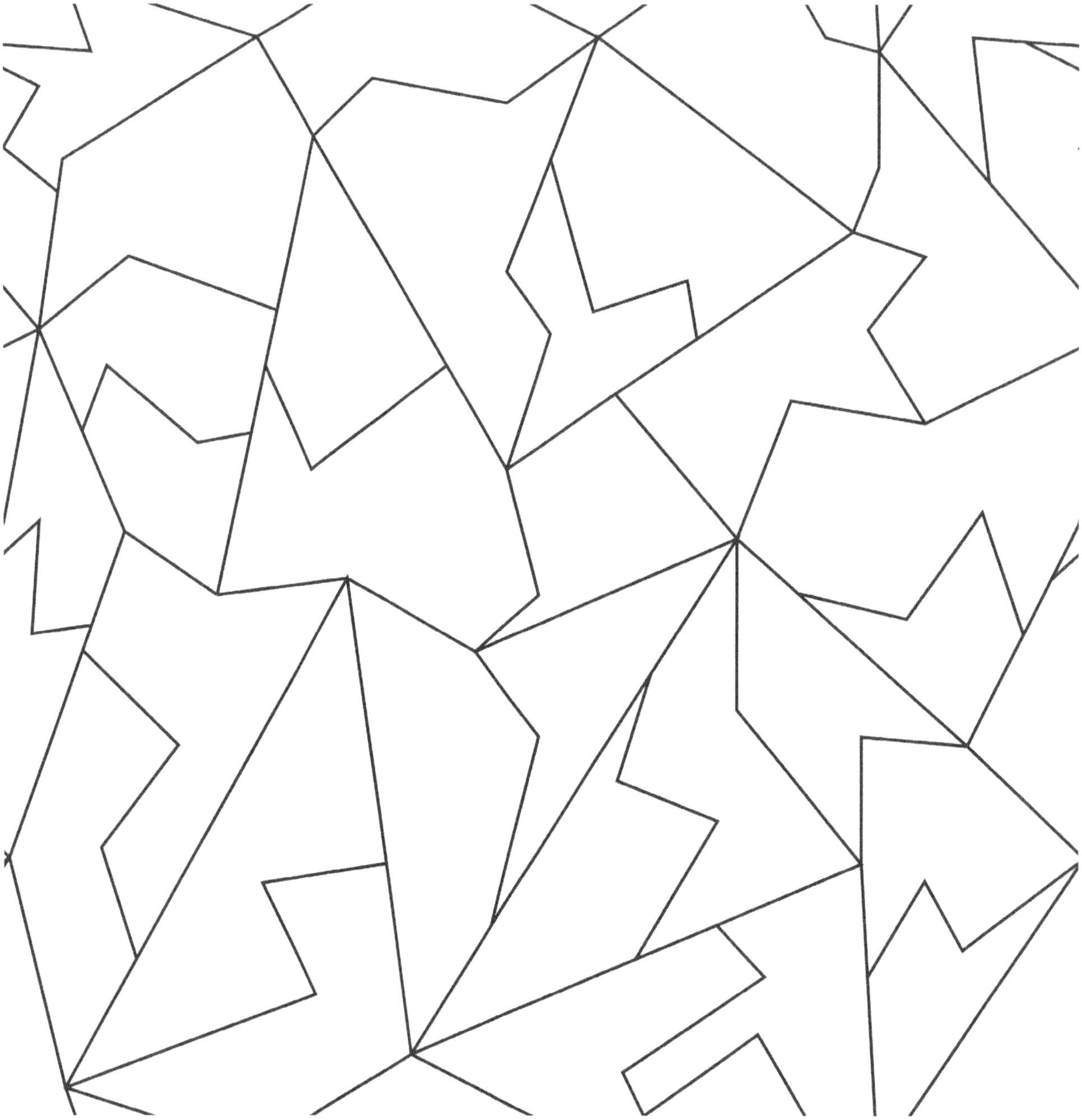

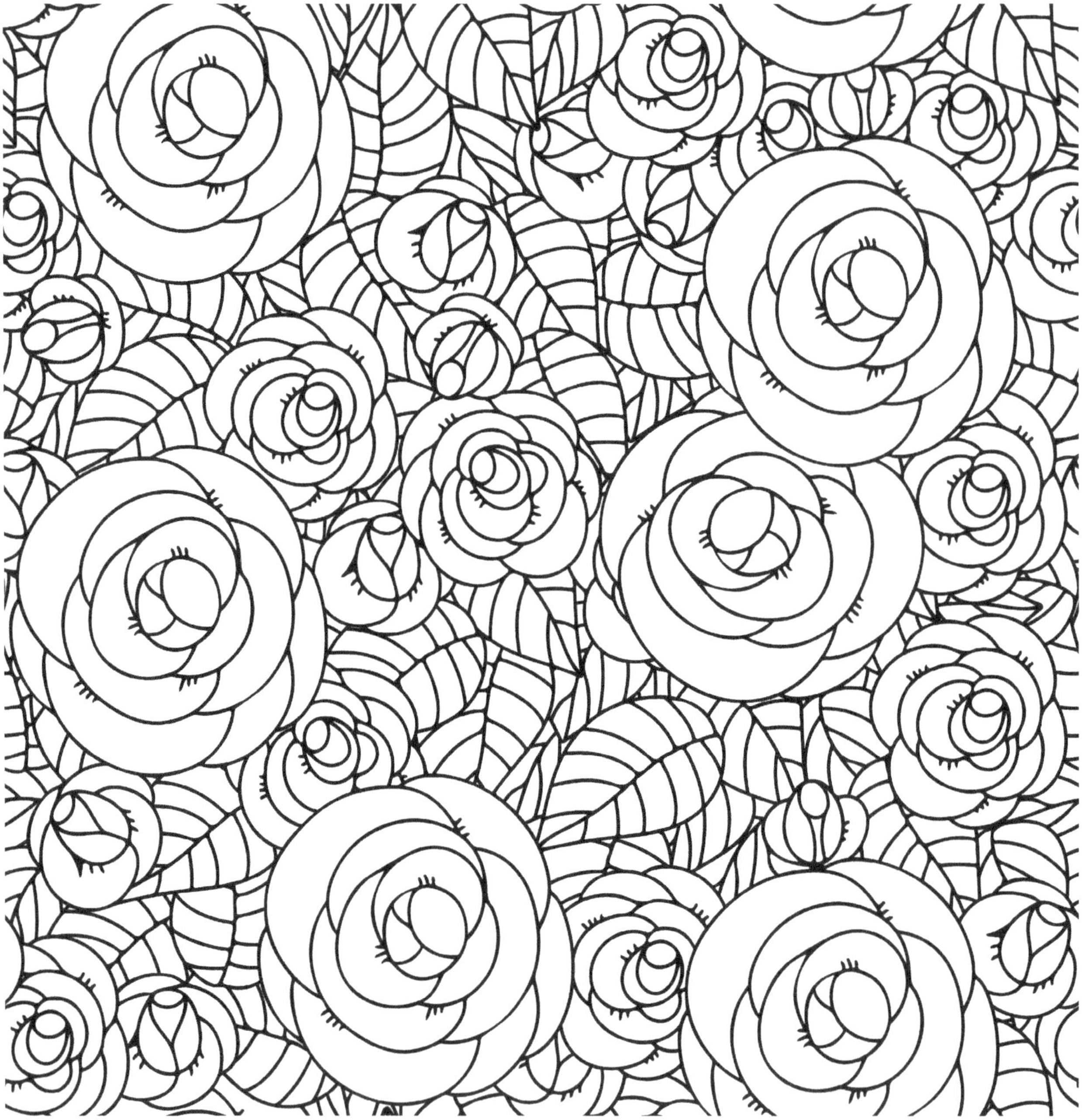

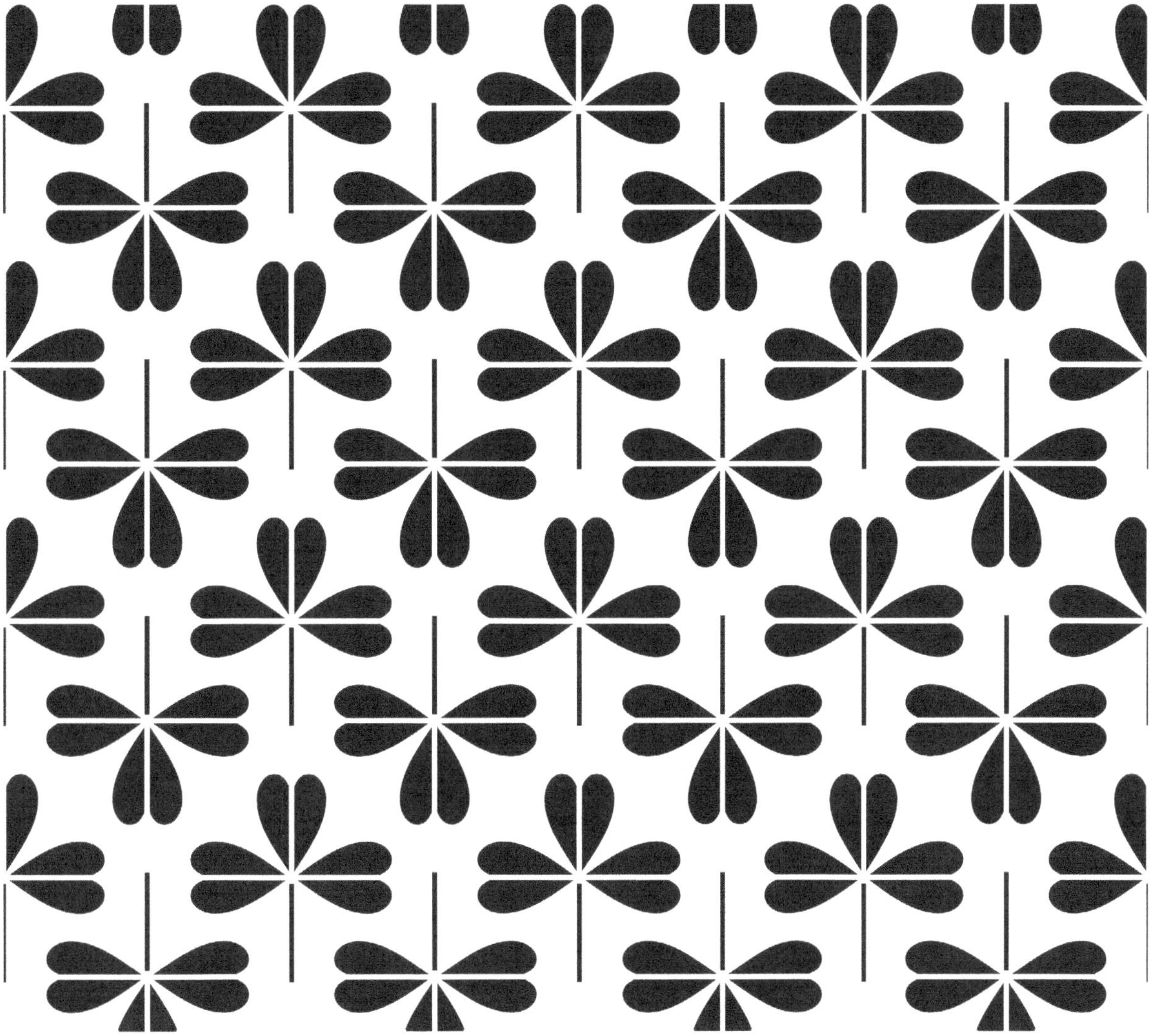

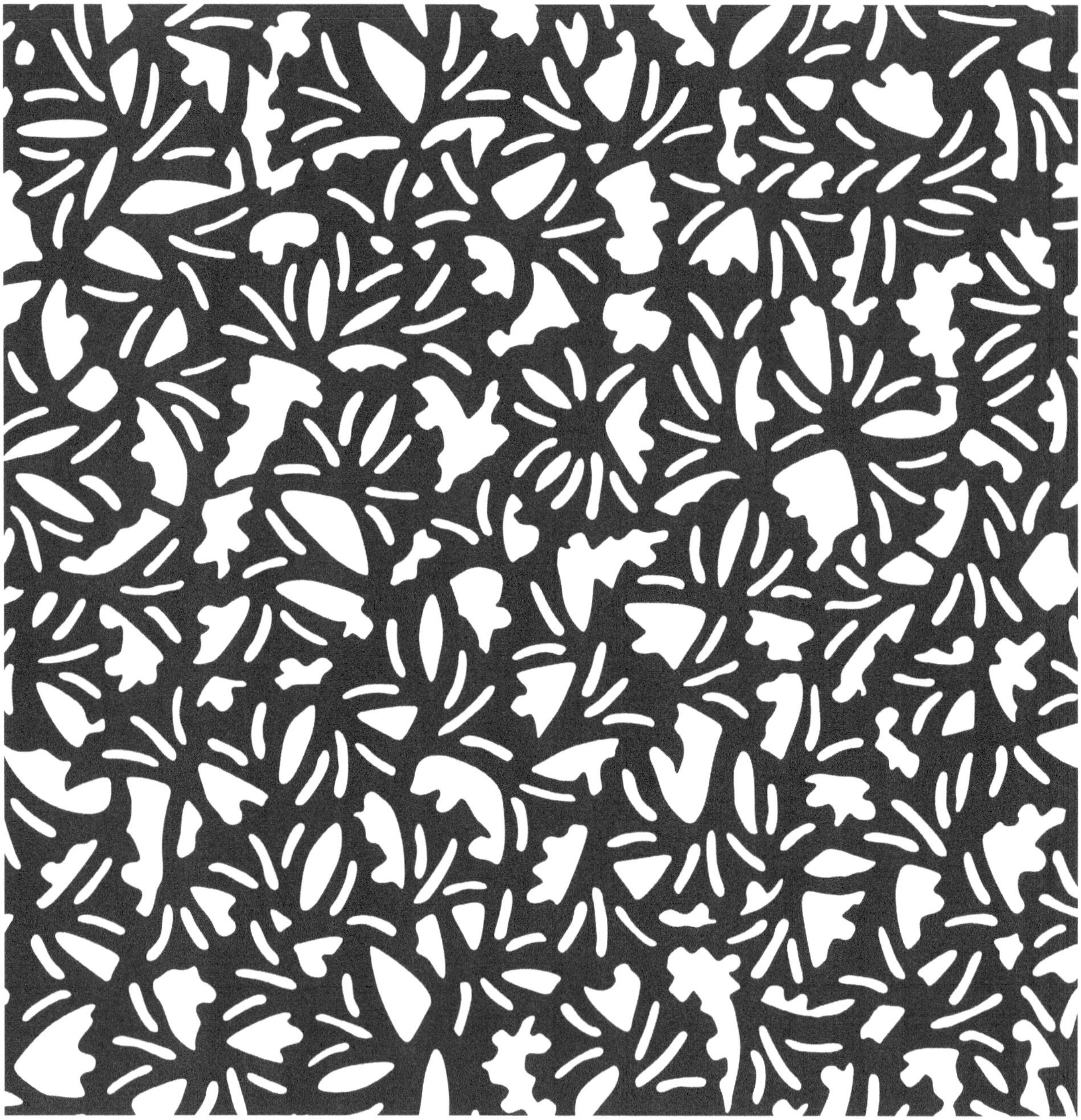

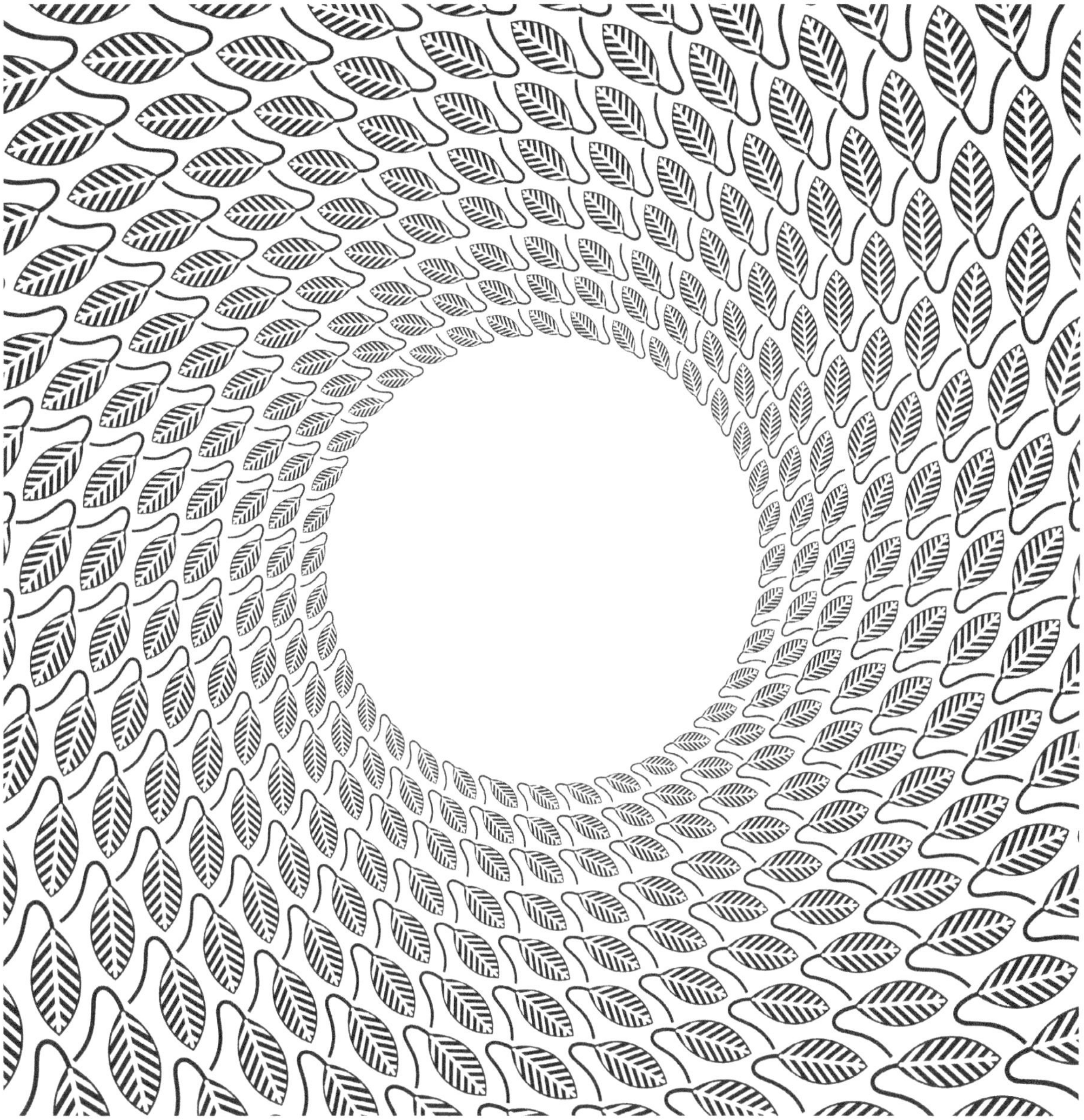

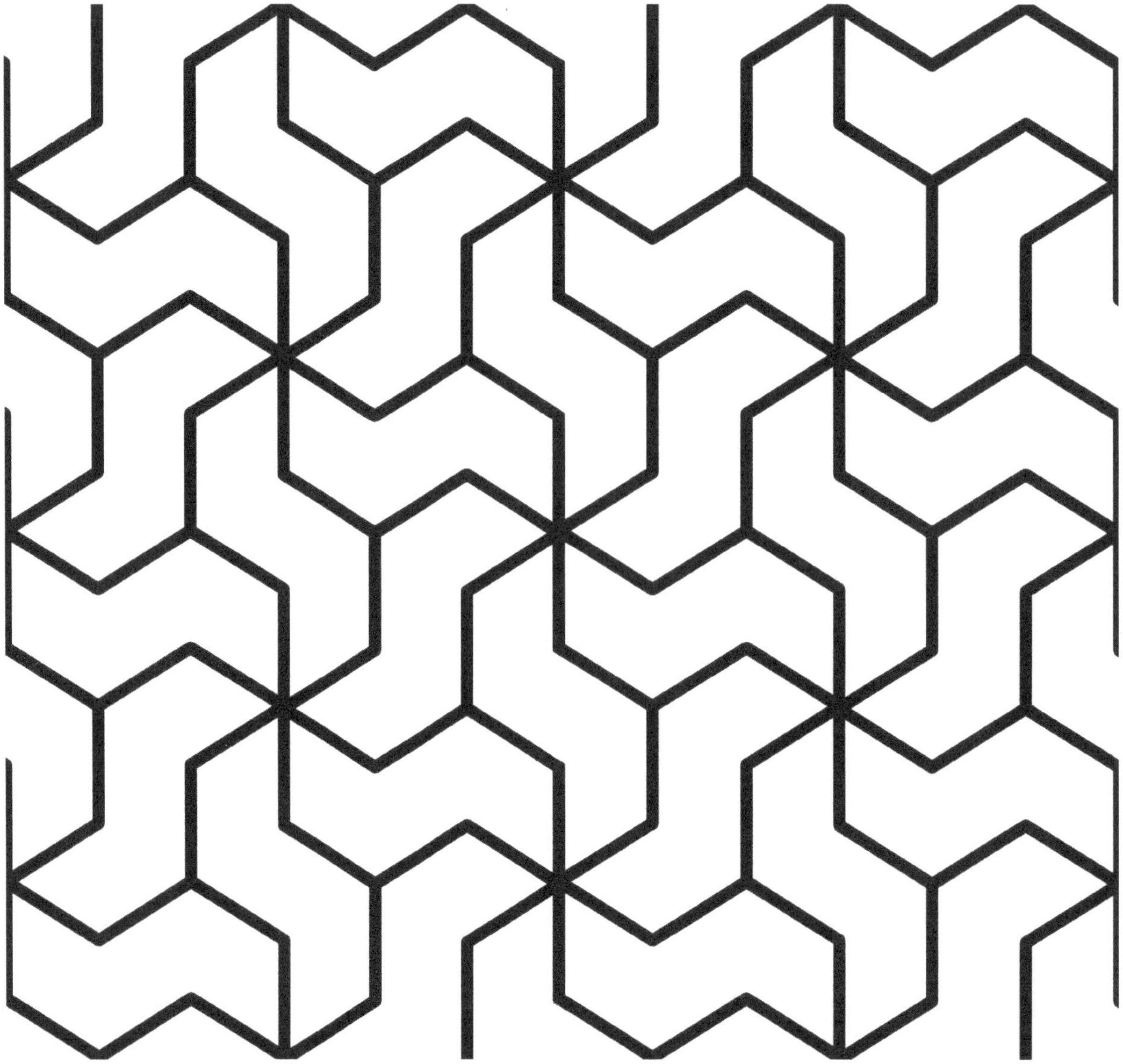

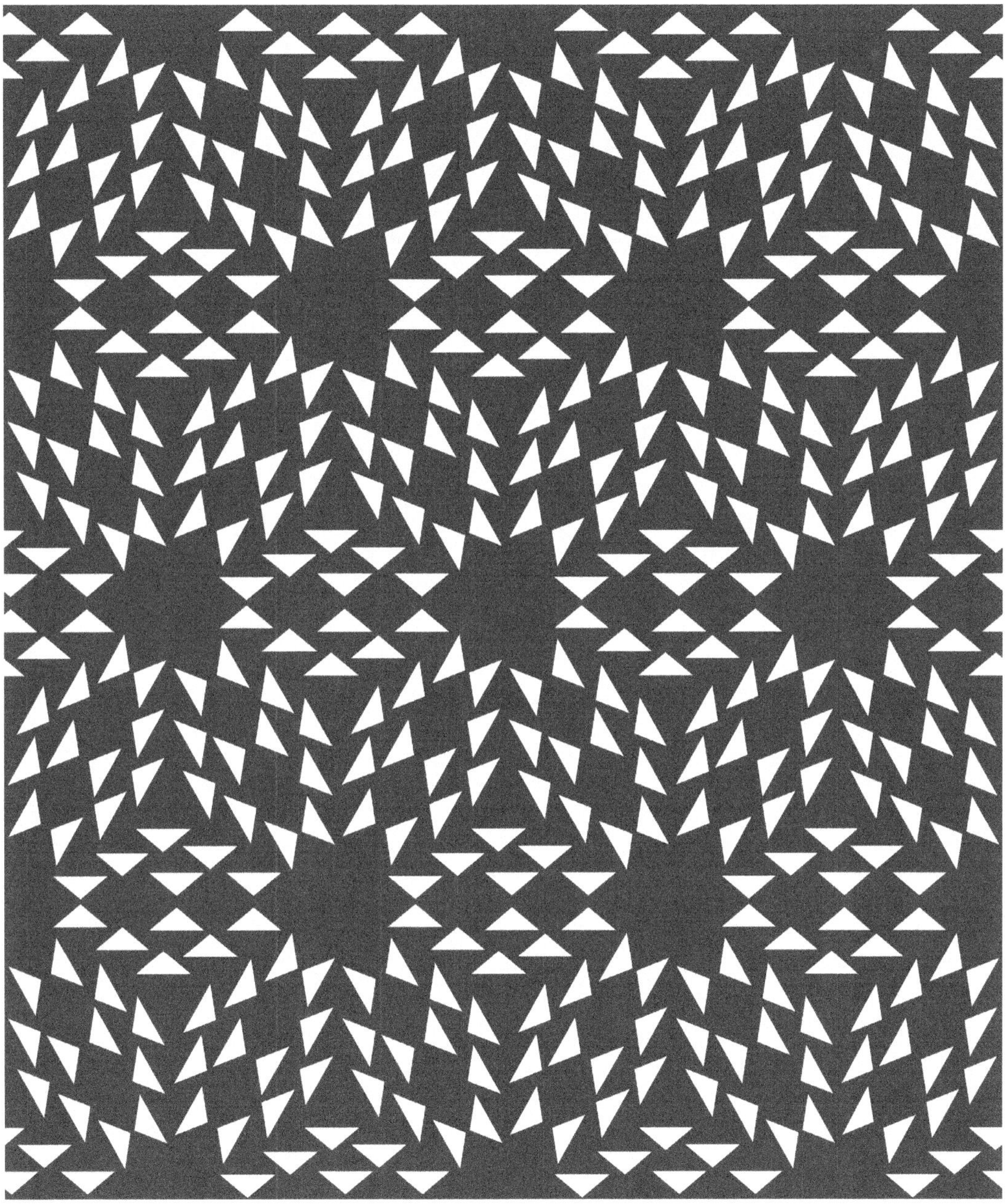

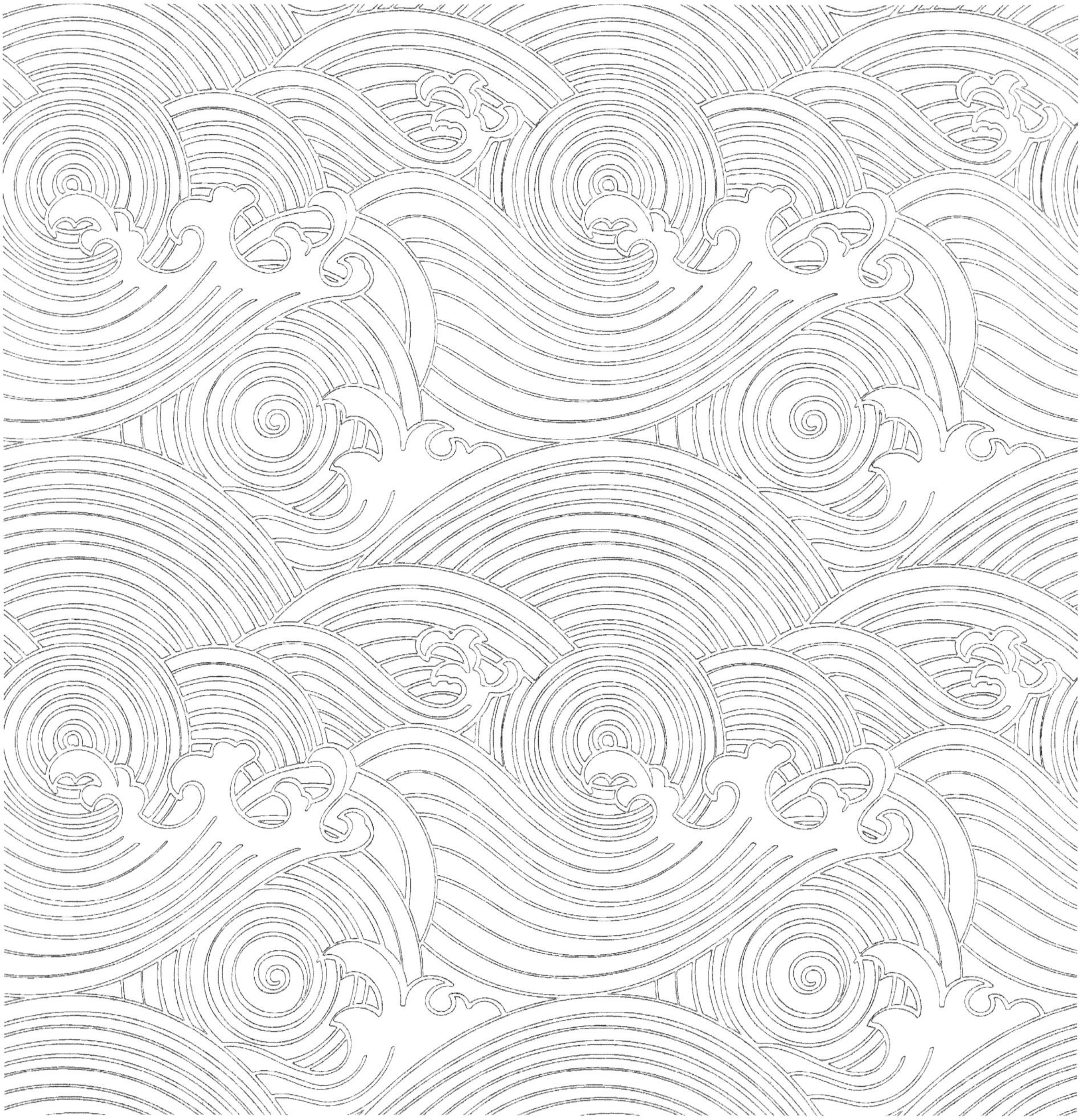

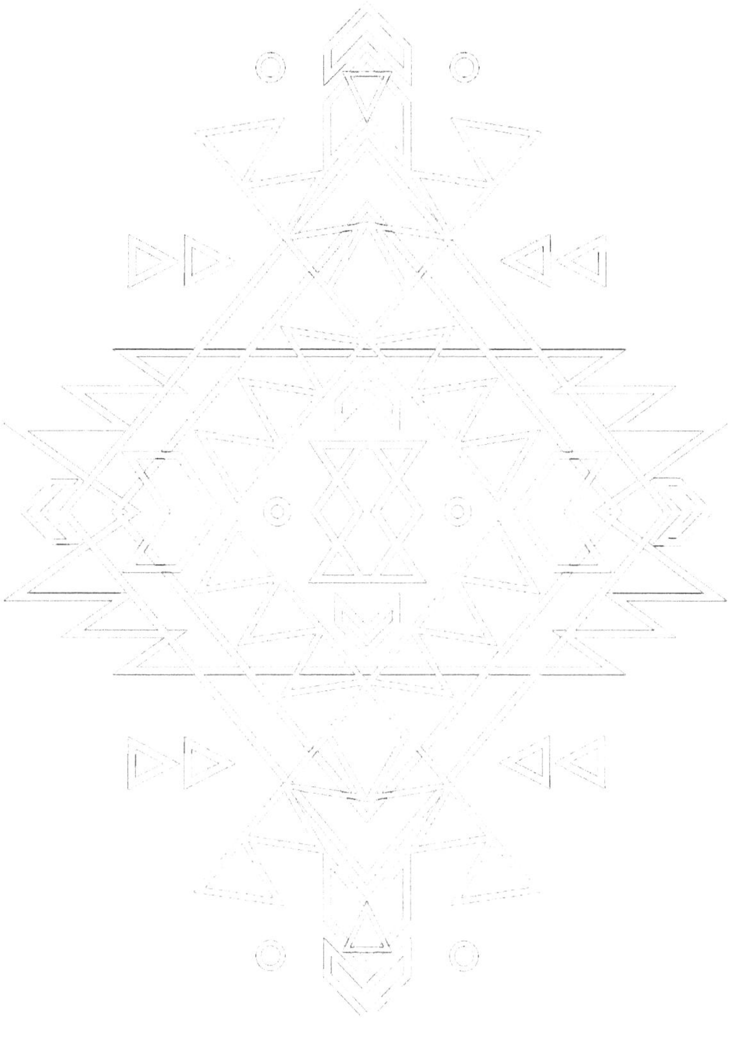

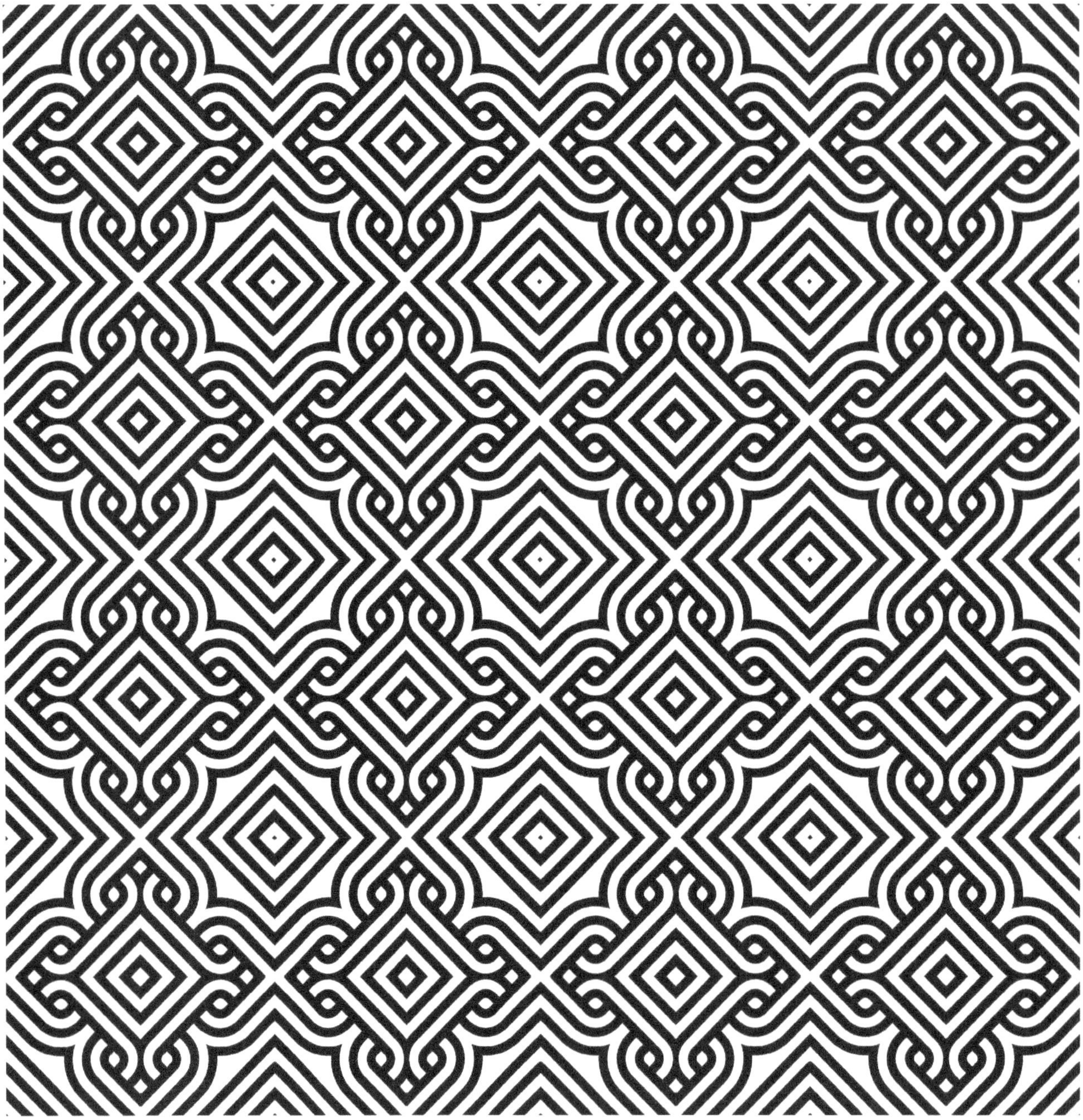

www.ingramcontent.com/pod-product-compliance
Lightning Source LLC
Chambersburg PA
CBHW080640190526
45169CB00009B/3445
* 9 7 8 1 5 2 3 6 6 5 1 8 1 *